PAPA FRANCISCO

CARTA APOSTÓLICA

ADMIRABILE SIGNUM

SOBRE O SIGNIFICADO
E A IMPORTÂNCIA DO PRESÉPIO

Direção-geral: *Flávia Reginatto*

Editora responsável: *Maria Goretti de Oliveira*

1ª edição – 2019
2ª reimpressão – 2023

Nenhuma parte desta obra poderá ser reproduzida ou transmitida por qualquer forma e/ou quaisquer meios (eletrônico ou mecânico, incluindo fotocópia e gravação) ou arquivada em qualquer sistema ou banco de dados sem permissão escrita da Editora. Direitos reservados.

© 2019 Libreria Editrice Vaticana

Cadastre-se e receba nossas informações
www.paulinas.com.br
Telemarketing e SAC: 0800-7010081

Paulinas
Rua Dona Inácia Uchoa, 62
04110-020 – São Paulo – SP (Brasil)
📞 (11) 2125-3500
✉ editora@paulinas.com.br
© Pia Sociedade Filhas de São Paulo – São Paulo, 2019

1. O SINAL ADMIRÁVEL do Presépio, muito amado pelo povo cristão, não cessa de suscitar maravilha e enlevo. Representar o acontecimento da natividade de Jesus equivale a anunciar, com simplicidade e alegria, o mistério da encarnação do Filho de Deus. De fato, o Presépio é como um Evangelho vivo que transborda das páginas da Sagrada Escritura. Ao mesmo tempo que contemplamos a representação do Natal, somos convidados a colocar-nos espiritualmente a caminho, atraídos pela humildade daquele que se fez homem a fim de se encontrar com todo homem, e a descobrirmos que ele nos ama tanto que se uniu a nós para podermos, também nós, unir-nos a ele.

Com esta Carta, quero apoiar a bela tradição de nossas famílias de preparar o Presépio, nos dias que antecedem ao Natal, e também o costume de o montarem nos lugares de trabalho, nas escolas, nos hospitais, nos estabelecimentos prisionais, nas praças... Trata-se verdadeiramente de um exercício de imaginação criativa, que recorre aos mais variados materiais para produzir, em miniatura, belas obras-primas. Aprende-se em criança, quando o pai e a mãe, com os avós, transmitem este gracioso costume, que compreende uma rica espiritualidade popular. Almejo que esta prática nunca desapareça; ou melhor, espero que, onde porventura tenha caído em desuso, possa ser redescoberta e revitalizada.

2. A origem do Presépio deve-se, acima de tudo, a alguns pormenores do nascimento de Jesus em Belém, referidos no Evangelho. O evangelista Lucas limita-se a dizer que, tendo-se completado os dias de Maria dar à luz, "ela deu à luz seu filho primogênito; envolveu-o com faixas e o recostou numa manjedoura, porque não havia lugar para eles na sala" (Lc 2,7). Jesus é colocado numa manjedoura, que, em latim, se diz *praesepium*, de onde vem a nossa palavra *Presépio*.

Ao entrar neste mundo, o Filho de Deus encontra lugar onde os animais vão comer. A palha torna-se o primeiro colchão para aquele que há de revelar-se como "o Pão vivo que desceu do céu" (Jo 6,51). Uma simbologia que Santo Agostinho, com outros Padres da Igreja, já tinha entrevisto, quando escreveu: "Deitado numa manjedoura, torna-se nosso alimento".[1] Na realidade, o Presépio inclui vários mistérios da vida de Jesus, tornando-os familiares a nossa vida diária.

Passemos agora à origem do Presépio, tal como o entendemos. A mente leva-nos a Gréccio, na Valada de Rieti; aí se deteve São Francisco, provavelmente quando voltava de Roma, onde recebera, do Papa Honório III, a aprovação da sua Regra em 29 de novembro de 1223. Aquelas grutas, depois da sua viagem à Terra Santa, faziam-no lembrar, de modo particular, da paisagem de

---

[1] SANTO AGOSTINHO, *Sermão* 189, 4.

Belém. E é possível que, em Roma, o Pobrezinho de Assis tenha ficado encantado com os mosaicos, na Basílica de Santa Maria Maior, que representam a natividade de Jesus e estão próximos do lugar onde, segundo uma antiga tradição, se conservam precisamente as tábuas da manjedoura.

As *Fontes Franciscanas* narram, detalhadamente, o que aconteceu em Gréccio. Quinze dias antes do Natal, Francisco chamou João, um homem da região, para lhe pedir que o ajudasse a concretizar um desejo: "Quero representar o Menino nascido em Belém, para de algum modo ver com os olhos do corpo os incômodos de que ele padeceu pela falta do necessário a um recém-nascido, tendo sido reclinado na palha de uma manjedoura, entre o boi e o burro".[2] Mal acabou de ouvi-lo, o fiel amigo foi preparar, no lugar designado, tudo o que era preciso segundo o desejo do Santo. No dia 25 de dezembro, chegaram a Gréccio muitos frades, vindos de vários lugares, e também homens e mulheres das casas da região, trazendo flores e tochas para iluminar aquela noite santa. Francisco, ao chegar, encontrou a manjedoura com palha, o boi e o burro. À vista da representação do Natal, as pessoas lá reunidas manifestaram uma alegria indescritível, como nunca tinham sentido antes. Depois o sacerdote celebrou solenemente

---

[2] *Fontes Franciscanas*, 468.

a Eucaristia sobre a manjedoura, mostrando também, desse modo, a ligação que existe entre a Encarnação do Filho de Deus e a Eucaristia. Em Gréccio, naquela ocasião, não havia figuras: o Presépio foi formado e vivido pelos que estavam presentes.[3]

Assim nasce a nossa tradição: todos à volta da gruta e repletos de alegria, sem nenhuma distância entre o acontecimento que se realiza e as pessoas que participam no mistério.

O primeiro biógrafo de São Francisco, Tomás de Celano, lembra que naquela noite, à simples e comovente representação, juntou-se o dom de uma visão maravilhosa: um dos presentes viu que jazia na manjedoura o próprio Menino Jesus. Daquele Presépio do Natal de 1223, "todos voltaram para suas casas cheios de inefável alegria".[4]

3. Com a simplicidade daquele sinal, São Francisco realizou uma grande obra de evangelização. O seu ensinamento penetrou no coração dos cristãos, permanecendo até nossos dias como uma forma genuína de repropor, com simplicidade, a beleza da nossa fé. Aliás, o próprio lugar onde se realizou o primeiro Presépio sugere e suscita tais sentimentos. Gréccio torna-se um

---

[3] Cf. TOMÁS DE CELANO, *Vita Prima*, 85: *Fontes Franciscanas*, 469.

[4] Cf. TOMÁS DE CELANO, *Vita Prima*, 86: *Fontes Franciscanas*, 470.

refúgio para a alma que se esconde na rocha, deixando-se envolver pelo silêncio.

Por que motivo o Presépio provoca tanto enlevo e nos comove? Acima de tudo, porque manifesta a ternura de Deus. Ele, o Criador do universo, abaixa-se até nossa pequenez. O dom da vida, sempre misterioso para nós, fascina-nos ainda mais ao vermos que aquele que nasceu de Maria é a fonte e o sustento de toda a vida. Em Jesus, o Pai deu-nos um Irmão, que vem procurar-nos quando estamos desorientados e perdemos o rumo, e um Amigo fiel, que está sempre ao nosso lado; deu-nos o seu Filho, que nos perdoa e nos tira do pecado.

Montar o Presépio em nossas casas ajuda-nos a reviver a história ocorrida em Belém. Naturalmente os Evangelhos continuam a ser a fonte que nos permite conhecer e meditar esse Acontecimento; porém, sua representação no Presépio ajuda-nos a imaginar as várias cenas, estimula-nos os afetos, convida-nos a nos sentirmos envolvidos na história da salvação, contemporâneos desse evento que se torna vivo e atual nos mais variados contextos históricos e culturais.

Particularmente, desde sua origem franciscana, o Presépio é um convite a "sentir", a "tocar" a pobreza que escolheu, para si mesmo, o Filho de Deus na sua encarnação, tornando-se assim, implicitamente, um apelo para o seguirmos pelo caminho da humildade, da pobreza, do despojamento, que parte da manjedoura de Belém e leva até à Cruz; e um apelo ainda a encontrá-lo e servi-lo, com misericórdia, nos irmãos e irmãs mais necessitados (cf. Mt 25,31-46).

4. Gostaria agora de repassar os vários sinais do Presépio para apreendermos o significado que compreendem. Em primeiro lugar, representamos o céu estrelado na escuridão e no silêncio da noite. Fazemo-lo não apenas para ser fiéis às narrações do Evangelho, mas também pelo significado que possui. Pensemos nas incontáveis vezes em que a noite envolve nossa vida. Pois bem, mesmo em tais momentos, Deus não nos deixa sozinhos, mas faz-se presente para responder às questões decisivas sobre o sentido da nossa existência: Quem sou eu? De onde venho? Por que nasci neste tempo? Por que amo? Por que sofro? Por que morrerei? Foi para dar uma resposta a estas questões que Deus se fez homem. Sua proximidade traz luz onde há escuridão e ilumina todos que atravessam as trevas do sofrimento (cf. Lc 1,79).

Merecem também referência as paisagens que fazem parte do Presépio; muitas vezes aparecem representadas as ruínas de casas e palácios antigos que, em alguns casos, substituem a gruta de Belém, tornando-se a habitação da Sagrada Família. Parece que essas ruínas se inspiram na *Legenda Áurea*, do dominicano Jacopo de Varazze (século XIII), em que se refere à crença pagã segundo a qual o templo da Paz, em Roma, iria desabar quando uma Virgem desse à luz. Essas ruínas são sinal visível, sobretudo, da humanidade decaída, de tudo aquilo que cai em ruína, que se corrompe e definha. Este cenário diz que Jesus é a novidade no meio de um mundo velho e que veio para curar e reconstruir, para reconduzir a nossa vida e o mundo ao seu esplendor originário.

5. Uma grande emoção deveria apoderar-se de nós, ao colocarmos no Presépio as montanhas, os riachos, as ovelhas e os pastores! Pois assim lembramos, como preanunciaram os profetas, que toda a criação participa na festa da vinda do Messias. Os anjos e a estrela são o sinal de que também nós somos chamados a pôr-nos a caminho para ir até à gruta adorar o Senhor.

"Passemos por Belém para ver o que aconteceu, o que o Senhor nos deu a conhecer" (Lc 2,15): assim falam os pastores, depois do anúncio que os anjos lhes fizeram. É um ensinamento muito belo, que nos é dado na simplicidade da descrição. Ao contrário de tanta gente ocupada em fazer muitas outras coisas, os pastores tornam-se as primeiras testemunhas do essencial, isto é, da salvação que nos é oferecida. São os mais humildes e os mais pobres que sabem acolher o acontecimento da Encarnação. A Deus, que vem ao nosso encontro no Menino Jesus, os pastores respondem, pondo-se a caminho rumo a ele, para um encontro de amor e de grata admiração. É precisamente esse encontro entre Deus e os seus filhos, graças a Jesus, que dá vida a nossa religião e constitui a sua beleza singular, que transparece de modo particular no Presépio.

6. Nos nossos Presépios, costumamos colocar muitas figuras simbólicas. Em primeiro lugar, as de mendigos e pessoas que não conhecem outra abundância a não ser a do coração. Também estas figuras estão próximas do Menino Jesus de pleno direito, sem que ninguém possa expulsá-las ou afastá-las de um berço de tal modo improvisado que os pobres, ao seu redor, não destoam de modo nenhum. Ao contrário, os pobres são os privilegiados deste mistério e, muitas vezes, aqueles que melhor conseguem reconhecer a presença de Deus no meio de nós.

No Presépio, os pobres e os simples lembram-nos de que Deus se faz homem para aqueles que mais sentem a necessidade do seu amor e pedem a sua proximidade. Jesus, "tolerante e humilde de coração" (Mt 11,29), nasceu pobre, levou uma vida simples, para nos ensinar a identificar e a viver do essencial. Do Presépio surge, clara, a mensagem de que não podemos deixar-nos iludir pela riqueza e por tantas propostas efêmeras de felicidade. Como pano de fundo, aparece o palácio de Herodes, fechado, surdo ao jubiloso anúncio.

Nascendo no Presépio, o próprio Deus dá início à única verdadeira revolução que dá esperança e dignidade aos deserdados, aos marginalizados: a revolução do amor, a revolução da ternura. Do Presépio, com meiga força, Jesus proclama o apelo à partilha com os últimos como estrada para um mundo mais humano e fraterno, onde ninguém seja excluído nem marginalizado.

Muitas vezes, as crianças (mas os adultos também!) gostam de acrescentar, no Presépio, outras figuras que parecem não ter nenhuma relação com as narrações do Evangelho. Contudo, essa imaginação pretende expressar que, neste mundo novo inaugurado por Jesus, há espaço para tudo o que é humano e para toda criatura. Do pastor ao ferreiro, do padeiro aos músicos, das mulheres com a bilha de água ao ombro às crianças que brincam... tudo isso representa a santidade do dia a dia, a alegria de realizar de modo extraordinário as coisas de todos os dias, quando Jesus partilha conosco a sua vida divina.

7. Pouco a pouco, o Presépio leva-nos à gruta, onde encontramos as figuras de Maria e de José. Maria é uma mãe que contempla o seu Menino e o mostra a todos que vêm visitá-lo. A sua figura faz pensar no grande mistério que envolveu esta jovem, quando Deus bateu à porta do seu coração imaculado. Ao anúncio do anjo que lhe pedia para se tornar a mãe de Deus, Maria responde com obediência plena e total. As suas palavras – "Eis aqui a serva do Senhor! Faça-se em mim tal como disseste" (Lc 1,38) – são, para todos nós, o testemunho do modo como abandonar-se, na fé, à vontade de Deus. Com esse "sim", Maria torna-se mãe do Filho de Deus, sem perder – antes, graças a ele, consagrando – a sua virgindade. Nela, vemos a Mãe de Deus que não guarda o seu Filho só para si mesma, mas pede a todos que obedeçam à palavra dele e a ponham em prática (cf. Jo 2,5).

Ao lado de Maria, em atitude de quem protege o Menino e sua mãe, está São José. Geralmente, é representado com um cajado na mão e, por vezes, também segurando um lampião. São José desempenha papel muito importante na vida de Jesus e Maria. É o guardião que nunca se cansa de proteger sua família. Quando Deus o avisa da ameaça de Herodes, não hesita em pôr-se em viagem, emigrando para o Egito (cf. Mt 2,13-15). E, depois, passado o perigo, reconduz a família para Nazaré, onde será o primeiro educador de Jesus, na sua infância e adolescência. José trazia no coração o grande mistério que envolvia Maria, sua esposa, e Jesus; homem justo que era, sempre se entregou à vontade de Deus e a pôs em prática.

8. O coração do Presépio começa a palpitar, quando colocamos lá, no Natal, a figura do Menino Jesus. Assim se nos apresenta Deus, num menino, para fazer-se acolher nos nossos braços. Nessa fraqueza e fragilidade, esconde seu poder que tudo cria e transforma. Parece impossível, mas é assim: em Jesus, Deus foi criança e, nesta condição, quis revelar a grandeza do seu amor, que se manifesta num sorriso e nas suas mãos estendidas para quem quer que seja.

O nascimento de uma criança provoca alegria e encanto, porque nos coloca perante o grande mistério da vida. Quando vemos brilhar os olhos dos jovens esposos diante do seu filho recém-nascido, compreendemos os sentimentos de Maria e José que, olhando o Menino Jesus, entreviam a presença de Deus na sua vida.

"Porque a Vida manifestou-se" (1Jo 1,2): assim o apóstolo João resume o mistério da Encarnação. O Presépio nos faz ver, nos faz tocar este acontecimento único e extraordinário que mudou o curso da história e a partir do qual também se contam os anos, antes e depois do nascimento de Cristo.

O modo de agir de Deus quase cria vertigens, pois parece impossível que ele renuncie à sua glória para se fazer homem como nós. Que surpresa ver Deus adotar os nossos próprios comportamentos: dorme, mama no peito da mãe, chora e brinca, como todas as crianças. Como sempre, Deus gera perplexidade, é imprevisível, aparece continuamente fora dos nossos esquemas. Assim o Presépio, ao mesmo tempo que nos mostra Deus tal como entrou no mundo, desafia-nos a imaginar a nossa vida inserida na de Deus; convida a tornar-nos seus discípulos, se quisermos alcançar o sentido último da vida.

9. Quando se aproxima a festa da Epifania, colocam-se no Presépio as três figuras dos Reis Magos. Tendo observado a estrela, aqueles sábios e ricos senhores do Oriente puseram-se a caminho rumo a Belém para conhecer Jesus e oferecer-lhe de presente ouro, incenso e mirra. Estes presentes têm também um significado alegórico: o ouro honra a realeza de Jesus; o incenso, a sua divindade; a mirra, a sua humanidade sagrada que experimentará a morte e a sepultura.

Ao fixarmos esta cena no Presépio, somos chamados a refletir sobre a responsabilidade que cada cristão tem de ser evangelizador. Cada um de nós torna-se portador da Boa-Nova para as pessoas que encontra, testemunhando a alegria de ter conhecido Jesus e o seu amor; e o faz com ações concretas de misericórdia.

Os Magos ensinam que se pode partir de muito longe para chegar a Cristo: são homens ricos, estrangeiros sábios, sedentos de infinito, que saem para uma viagem longa e perigosa e que os leva até Belém (cf. Mt 2,1-12). À vista do Menino Rei, invade-os uma grande alegria. Não se deixam escandalizar pela pobreza do ambiente; não hesitam em pôr-se de joelhos e adorá-lo. Diante dele compreendem que Deus, tal como regula com soberana sabedoria o curso dos astros, assim também guia o curso da história, derrubando os poderosos e exaltando os humildes. E com certeza, quando regressaram ao país deles, falaram desse encontro surpreendente com o Messias, inaugurando a viagem do Evangelho entre os gentios.

10. Diante do Presépio, a mente corre de bom grado aos tempos em que se era criança e se esperava, com impaciência, o tempo para começar a construí-lo. Estas recordações induzem-nos a tomar consciência sempre de novo do grande dom que nos foi feito, transmitindo-nos a fé; e, ao mesmo tempo, fazem-nos sentir o dever e a alegria de comunicar a mesma experiência aos filhos e netos. Não é importante a forma como se monta o Presépio; pode ser sempre igual ou modificá--la cada ano. O que conta é que fale à nossa vida. Por todo lado e na forma que for, o Presépio narra o amor de Deus, o Deus que se fez menino para nos dizer quão próximo está de cada ser humano, independentemente da condição em que este se encontre.

Queridos irmãos e irmãs, o Presépio faz parte do suave e exigente processo de transmissão da fé. A partir da infância e, depois, em cada idade da vida, educa-nos para contemplar Jesus, sentir o amor de Deus por nós, sentir e acreditar que Deus está conosco e nós estamos com ele, todos filhos e irmãos graças àquele Menino Filho de Deus e da Virgem Maria. E educa para sentir que nisto está a felicidade. Na escola de São Francisco, abramos o coração a esta graça simples, deixemos que do encanto nasça uma prece humilde: o nosso "obrigado" a Deus, que tudo quis partilhar conosco para nunca nos deixar sozinhos.

Dado em Gréccio, no Santuário do Presépio, a 1º de dezembro de 2019, sétimo do meu pontificado.

Franciscus